AF231920

RÉPONSE

A M.ᵣ le Ch.ᵉʳ ALPHONSE DE VIZIEN.

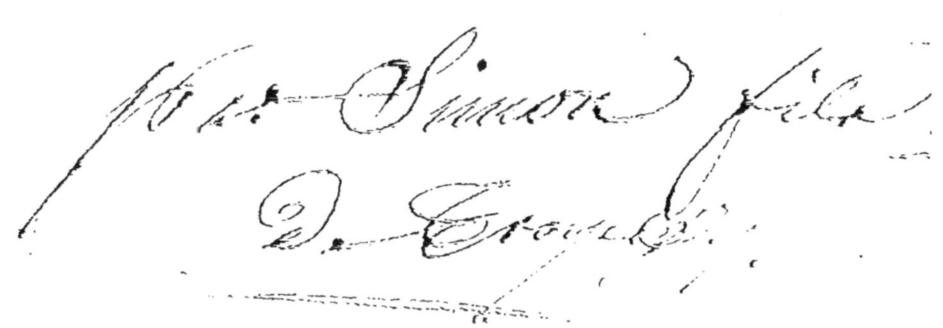

REPONSE

A M.^r le Ch.^{er} ALPHONSE DE VIZIEN

AUTEUR DE LA BROCHURE INTITULÉE.

LA RENTRÉE DE BUONAPARTE A TROYES, ET LA MORT DU CHEVALIER DE GOUAULT.

PAR J. B. S. *de Troyes.*

GENÈVE.

1814.

RÉPONSE

A M. le Chevalier ALPHONSE DE VIZIEN,

AUTEUR DE LA BROCHURE INTITULÉE :

LA RENTRÉE DE BUONAPARTE A TROYES, ET LA MORT DU CHEVALIER DE GOUAULT.

Si au milieu de ce conflit, de ce choc d'opinions et d'intérêts multipliés qui agitent les esprits, nous voyons au moins la sagesse des uns nous dédommager de la folie et de l'inconstance des autres ; la confiance, le courage poursuivre la peur et la pusillanimité ; la raison enfin à laquelle seule il appartient de développer les choses et les rapports qu'elles ont avec nous, mettre à sa place l'imbécillité : pourquoi celui qui a attenté à la bonne foi publique sous les dehors trompeurs de la vertu, et sous le manteau favorable du royalisme, jouirait-il seul du privilége de l'oubli et de la tranquillité ? Plus à blâmer qu'à plaindre de sa témérité et de son hypocrisie, n'est-il pas digne de figurer sur la scène révolutionnaire ? Je le nomme, c'est M. le chevalier Alphonse de Vizien.

Toutes considérations particulières mises de côté et traversant mes dégoûts, je vais répondre à sa misérable brochure. C'est trop peu me respecter sans-doute que d'entreprendre cette tâche, mais le mépris qu'on lui a laissé pour partage, pouvant lui paraître un signe d'approbation et d'estime, il me semble nécessaire de lui ravir cette jouissance, et de tourner à sa honte son prétendu triomphe. A portée de révéler tout ce qu'une pitié trop complaisante avait tenu à l'écart, ne me traitera-t-on point comme diffamateur ? C'est ma seule crainte. Toutefois ce qui me rassure, c'est l'impartialité que je prends pour guide, c'est le flambeau de la vérité qui m'éclaire, c'est l'utilité de confondre l'imposture, et le plaisir qu'on éprouve à la proclamer.

Ridicule par excès comme royaliste par circonstance, courageux loin du danger, chevalier sans exploits, noble sans titres comme seigneur sans château et dépendance, tel est notre jeune héros ; après cette esquisse attendra-t-on de moi qu'usant en sa faveur de l'art mensonger du profil, je mette ses imperfections dans l'ombre ? Non : c'est un tableau où chacun puisse le reconnaître que l'on demande ; c'est un portrait fidèle que l'on veut, et je loue ce désir. Un récit comme un éloge est un morceau d'histoire, et l'histoire met au-dessus de toute la vérité. Fort de ce principe, je puis donc signaler sans appréhension de blâme ses mœurs et son origine, combattre son opinion et censurer le mauvais génie qui l'a poussé à faire choix de la folie et de la lâcheté pour peindre la raison et le courage.

M. Alphonse, à part toute épithète désagréable,

n'est-ce pas le seul nom sous lequel vous vous re-
connaissiez, le seul qui vous convienne? Nous ré-
soudrons plus tard cette question ; vous me com-
prenez d'avance , n'est-il pas vrai ? Si vous avez
écrit pour un traître , me permettez-vous bien
d'écrire pour un public dont vous avez compromis si indignement les intérêts ? Déjà
condamné par les gens sensés sur ce qui
concerne le goût de votre production , croyez-
vous que quelques éclaircissemens sur votre vie
ne leur seront pas utiles ? ils combleront
la mesure de la bienveillance et de la réputation que vous méritez.

Véridique , je ne dirai que ce qui sera dé
dire. Je suis de la même patrie , j'ai étudié
sous la même férule : ô ciel ! que cet aveu
m'est pénible , mais il est nécessaire. Cependant, que l'on ne m'accuse pas ici de trahir
les devoirs de concitoyen et de condisciple ; je
le renie comme vrai Troyen : eh ! n'a-t-il
pas cessé de porter ce beau titre, des-lors
qu'il a méconnu ce qu'il devait à ses compatriotes? Je le renie même comme bon Champenois : oserait-il se flatter d'en avoir jamais
eu la douceur de caractère , la simplicité de
mœurs , la bonhomie qui n'est point ennemie
de l'esprit , la naïveté, la franchise et la
gaîté qui gagnent tous les cœurs , et l'amour
patriotique qui préfère l'oubli de soi-même
à l'intérêt public ? Bien mieux encore , je
confesse n'avoir jamais eu de liaisons avec
lui, j'en aurais rougi ; mais si aujourd'hui je

me rapproche de sa personne, c'est moins pour lui que pour la société.

Une critique sans acharnement, des faits sans atténuation et les simples réflexions qui en naîtront, c'est tout ce que je me propose.

Jeune et sans habitude d'écrire, cette entreprise m'effraye, mais le zèle et l'indignation m'emportent: puissent-ils me justifier dans l'esprit du lecteur indulgent !

Le début de M. Alphonse est des plus ingénieux ; il nous avoue qu'un éloge est au-dessus de ses forces : par cette déclaration de sa foiblesse, s'il savoit bien s'acquérir les droits les plus puissans à notre pitié, pourquoi n'a-t-il pas ajouté, le récit même de la vie la plus obscure ? Douterait-il que nous eussions été également compatissans ? Si en faveur de sa sincérité nous voulons bien lui pardonner cette omission, lui pardonnerons-nous de n'avoir pas eu assez de nez pour sentir que le héros qu'il a voulu produire sur la scène n'est rien moins qu'un être fort ordinaire, un citoyen rebelle, un militaire de parade, un décoré sans exploits, enfin un homme raisonnable jusqu'à la déraison.

Entendant par opinion publique le sentiment général qui désigne les vertus avec joie et les vices avec horreur, je me garderai de penser que M. Alphonse ait rien voulu ajouter à l'honneur qu'ont rendu à M. de Gouault quelques chevaliers de St.-Louis. Quelle est donc son arrière-pensée ? Si je devine juste, il a tenté sous le charme de la nouveauté de captiver pour la première fois les bonnes grâces des honnêtes gens, de surprendre l'estime publique ; il a quêté une place dans nos bureaux sous les auspices du pauvre défunt : quelle triste ressource ! Ne sait-on pas que c'est en révolution que le souvenir des bassesses se renouvelle, et que chacun cherche à se prémunir contre les atteintes des méchans ? Mais prétendre qu'un monarque dont la sollicitude s'étend au maintien de sa couronne, ensuite aux intérêts embarrassés de ses peuples, s'arrêtera à l'éloge d'un acte de folie : n'est-ce pas confondre la majesté royale avec celle de Momus ? Et répondre des principes de royalisme de toute une ville qui s'honore autant de son dévouement aux Empereurs qu'aux Rois : n'est-ce pas blesser toutes les convenances ? N'élevons point ici de chicanes trop minutieuses, il faudrait nous réconcilier en faveur de sa haute et puissante protection auprès du prince qui nous donne tant à espérer ; si les effets en sont tardifs, ils en seront peut-être meilleurs : la justice et la magnanimité les auront calculés ! Adieu donc, infâmes vexations des droits réunis : adieu, impôts onéreux : et vous, jours de paix et de prospérité, salut ! Recevez d'avance avec celui qui vous amènera à nous l'hommage de la plus sincère gratitude !

Si vos grâces..... si votre modestie.....
Cette manière de parler si favorite aux gens qui

annoncent avec emphase des louanges à pro-
diguer quand ils n'ont que le silence à garder,
a été parfaitement saisie par M. Alphonse ;
il n'a rien à préconiser, son embarras est
naturellement grand : que fait-il ? Il nous ren-
voie à une meilleure plume ; mais cette plume
oserait-elle écrire quand en invoquant son
assistance il ne lui prescrit à parcourir qu'un
champ couvert d'épines et de chardons ? S'il
est bon de louer un homme célèbre qu'on
propose pour modèle, qu'il est dangereux de
louer quiconque a eu des défauts, pour le
faire imiter dans tout, dans ses défauts mêmes !
Que l'invention la plus agréable, comme le vrai
le plus outré, corrobore le faux ! et qu'une imprudente flatterie nous rend suspects les pa-
négyristes !

Si je veux bien ne pas révoquer en doute
la beauté de la sœur de Jacques Gouault, je
ne ferai point à l'officier qui lui présenta l'hommage de ses sentimens, l'injustice de croire
qu'il n'a pas été heureux : de la beauté à la
coquetterie comme de la coquetterie à la foiblesse il n'y a qu'un pas, et pourquoi suppo-
serions-nous que pour la première fois la ga-
lanterie franche et aimable d'un militaire aurait été déjouée ? ne serait-ce pas désavouer
le privilège que l'amour a accordé aux Français ?
Venez ici, M. Alphonse, résoudre cette question
par vos hauts faits ; et vous, amateurs des
belles ; vous, sexe charmant, venez aussi,
plaidez vous-même votre cause, et qu'une faiblesse mutuelle termine bien vite votre procès.

Je tire le rideau ; les âmes chastes pourraient m'assaillir. Je demande donc si l'humeur profonde de M. de Gouault, son absence d'une année, son duel dont le résultat nous est caché, ne doivent pas nous rendre suspecte sa conduite et celle de sa sœur : l'on ne venge dans le sang qu'un outrage réel.

Devenu gendarme du Roi, M. de Gouault n'a pas su défendre son Roi ni mourir pour sa cause ; est-ce par excès de lâcheté ou pour le plaisir determiner plus tard sa carrière comme traître à la patrie ? C'est celui que l'on voudra ; quant à moi, je soutiens que c'est l'un et l'autre : la suite prouvera mon assertion.

Il s'est distingué, dit-on, par son service dans la légion Mirabeau ; mais l'on se garde de nous citer ses actions d'éclat. A-t-il été au feu ? Contre quel ennemi a-t-il marché ? D'ailleurs quelle vaillance, quelle intrépidité pourrait jamais signaler dans les combats celui qui dans le danger a abandonné son Roi à la fureur de ses ennemis ! Son seul mérite, si je ne me trompe, est de n'avoir su se fixer nulle part. D'abord gendarme il passa sous les ordres de Mirabeau, d'où bientôt il sortit pour entrer dans le régiment d'Enghein. Si cette inconstance ne désigne pas une tête remplie de désordres, elle conduit naturellement à tirer cette conséquence, qu'il n'a jamais su gagner l'estime de ses chefs, ni l'amitié de ses camarades. Cependant l'on me crie qu'il a été décoré de la croix de St.-Louis : sans-doute qu'à cette époque on la prodiguait, comme aujourd'hui , à l'ineptie et non pas au talent ; car enfin je ne cesserai de le demander, qu'a donc fait M. de Gouault ; a-t-il seulement tiré un coup de fusil sans retourner la tête ? Comme bien des personnes du jour, il a su s'agiter, briguer et ne rien faire ; que dis-je ! ne s'est-il pas fait fusiller pour la coix de lis , en compromettant l'honneur de sa famille , les intérêts de toute une ville , et en trahissant sa patrie ? il est mort pour un lis comme il serait mort pour une des croix qu'on distribue aux écoles de Bouillys. (*)

Pardon , Sr. Alphonse , si je vous ai quitté un moment ; je reviens à vous très-pressé de m'éclaircir sur l'assassinat du duc d'Enghein. Etes-vous sûr que Napoléon ait seul résolu la perte de son rival ? S'il a prononcé la décision de son conseil , a-t-il agi par lui-même ? Alors président , il était aussi sujet, et ignorez-vous que Murat est plus coupable que tout autre de cet assassinat ? Mais, vil accusateur , oseriez-vous calomnier les présens , vous dont le courage est de braver les morts ou les absens. Après tout, que fait votre jugement et celui de tant de lâches pamphlétaires ? ajoute-t-il ou retranche-t-il quelque chose au mérite ? Non : la postérité a seule le droit de prononcer en dernier ressort. D'ailleurs n'avez-vous pas vu comme nous, dans nos révolutions , un Empereur empoi-

---

(*) Village très-famé pour la quantité et l'excellence de ses montures à longues oreilles.

sonner son père ; des frères se coaliser pour la destruction de leur frère couronné ; des amis comblés de bienfaits , un beau-père rétabli deux fois sur son trône , un beau-frère tiré de la poussière , abjurant leurs sermens , leur honneur , se liguer pour l'exil du grand homme qui les écrasait tous du poids de ses talens ?

Le poison, tous les chemins de sang et de brigandage sont bons aux rois pour parvenir à porter le sceptre d'un empire. Si pourtant il vous prend fantaisie de justifier leurs crimes, prenez-y garde, vous allez légitimer la mort du duc d'Enghein. Alors qu'auront servi à M. de Gouault son indignation, ses plaintes exaspérées qui l'ont fait regarder à si juste titre comme un homme dangereux ?

Tout citoyen ennemi d'un gouvernement doit se taire par prudence ou s'exiler ; ses discours sont autant de factions, et les factieux doivent être mis à l'ombre. M. de Gouault eut sans doute mérité cette faveur, si une épouse choisie à temps ne lui eut donné plus de circonspection.

M. Alphonse , dont la logique ne se dément jamais, veut bien encore ici attribuer à ses connaissances militaires le pressentiment, pour ne pas dire l'instinct, qu'il a témoigné sur les résultats de la campagne de Moscou. Où les aurait-il acquises ces connaissances ? est-ce loin des combats ou dans la privation constante d'un grade supérieur ? il a jugé, je ne crains plus de le dire, comme une tête évaporée : car quel est l'homme sensé qui aurait osé, il y a deux ans, parler des événemens qui se sont si rapidement succédés les uns aux autres? leur issue a été trop miraculeuse et à la fois trop honteuse pour la France. Mais si quelqu'un réclame la prérogative d'avoir prévu un miracle, il doit être considéré comme un être surnaturel ; et s'il prétend avoir pesé l'opprobre qui en résultait pour son pays, nous devons, je pense, le ranger au-dessous de la classe ordinaire des hommes. C'est Dieu, c'est Dieu seul qui a conduit les choses, et n'en déplaise à nos prophètes du jour, comme nous tous, ils ont vu clair quand la lumière a paru ; comme nous ils ont ouvert les yeux sur le chef illustre qui nous commandait ; ils ont vu que la plus affreuse trahison a fait de ses ennemis ses plus chauds partisans : effets insignes de la sensibilité et de la justice des ames bien nées! En effet est-il un bon Français qui ne pleure son exil, qui ne conserve pour lui de l'attachement, de l'admiration et de la reconnaissance? si un seul osait élever la voix, je l'appellerais au Tribunal sacré de sa conscience : c'est le seul juge incorruptible qu'il puisse consulter.

Dans l'empressement qu'a témoigné M. de Gouault de commander la cohorte urbaine, qui ne remarquera pas avec moi l'hypocrisie odieuse de la trahison et les calculs de la scélératesse? S'engager pour un parti qu'on déteste, et dont l'issue seule, si elle est heureuse, flatte nos passions intéressées, sacrifiant ainsi à un honneur et à un intérêt particulier, la gloire de la Nation et l'intérêt public ; s'armer et armer les autres sous l'apparence du dévouement le plus parfait, pour servir une cause étrangère à celle qui seule méritait tous nos efforts, c'est un droit qui n'appartient qu'à certains maréchaux, que dis-je ! à des monstres vomis par l'enfer. Oui, le brigandage en cas de révolution, ou quelque emploi à déshonorer s'il eût triomphé avec sa cause, était tout l'espoir qui flattait M. de Gouault. Ah ! comment la patrie, cette bonne mère commune de tous les Français, peut-elle encore nourrir dans son sein ceux qui l'ont si impitoyablement déchirée et déshonorée ! Venez ici, les amis de M. de Gouault, partager notre indignation et notre mépris, puisque vous avez partagé sa honte et ses crimes. Il est mort votre digne chef, que ne l'avez-vous suivi ! Troyes respirerait enfin.

Si la retraite de nos armées a permis un instant à quelques insensés d'émettre un vœu qui compromettait la tranquillité de toute une cité, vous était-il permis, M. Alphonse, de mentir à votre conscience ? Eh quoi ! vil imposteur, vous venez nous parler d'un vœu que vous aviez enseveli depuis long-temps dans le plus profond secret, comme si votre cœur fût jamais capable d'en renfermer un sincère ! Vous ne vous rappelez donc plus les démarches que vous avez sollicitées sous le gouvernement passé? Quel ressort n'avez-vous pas fait jouer pour obtenir la plus petite charge ? Les Lerouge, Parisot, et tant d'autres gagnés, non par argent, mais par les complaisances d'une femme que je ne nommerai pas, car elle vous touche de trop près, n'ont-ils pas frappé aux portes de tous les Ministres ? partout on a été sourd à leurs prières. M. Reynaud de Saint-Jean-d'Angely vous a seul été un moment favorable; s'il n'a pas réussi, nous l'en félicitons : il eût fait un ingrat de plus. Eh bien ! est-ce à tort qu'on vous appelle, comme beaucoup d'autres, le royaliste de circonstance, le citoyen dangereux, l'ennemi même du Gouvernement? Quelle confiance ont jamais pu inspirer les nouveaux caméléons ? Cependant, je le sais, quand on a incliné la tête devant un Napoléon, il n'est point illicite de la courber devant un Louis.

Ces mots *si je citais....* avantageusement employés pour la seconde fois dans l'Ouvrage, excitent naturellement la curiosité; mais le silence gardé sur le nombre des illustres signataires de l'adresse présentée à Alexandre, doit donner à l'imagination une bonne dose de méfiance. S'ils eussent été nombreux, ces Messieurs ! ils se seraient nommés pour se faire craindre. Quel dommage pourtant de ne pouvoir passer en revue ces amateurs de l'ordre et de la tranquillité ! que nous serions flattés de leur offrir nos hommages ! Mais, trève d'ironie sur ces inconnus, et tout en citant M. Alphonse et son oncle Jacquet, faisons-nous grâces de parler du rôle qu'ils ont joué. Livrons-les à leurs remords, en souhaitant qu'ils soient aussi sincères que sont monstrueuses et révoltantes leurs folies et le sacrifice qu'ils voulaient faire de leur petite garde-robe, contre l'espoir du pillage et contre le froissement de l'intérêt public. Laissons-les

sons-les là pour nous rappeler , avec une effu-
sion plus intéressante , la magnanimité géné-
reuse du Grand Napoléon.

Cette époque si mémorable où vint se briser
devant nos murs , chers Troyens , le torrent
de victoires qui l'entraînait sur tous les points,
n'est-elle pas gravée dans nos cœurs en traits
de feu , en traits ineffaçables ? sa gloire est tom-
bée aux pieds de nos intérêts ; il s'en est dé-
pouillé avec joie à la vue de nos édifices et de
nos fortunes que la flamme allait dévorer. Un
seul mot de sa bouche pouvait nous réduire à
gratter avec les ongles nos campagnes stériles,
mais nos manufactures relevées par ses mains ,
nos autels restaurés par ses soins , et 30,000
bons Français prêts à devenir les victimes de
la rage d'un ennemi farouche , nous ont rendu
facile l'accès de son cœur : il a frémi des maux
qui nous menaçaient, et sa sensibilité active a
conservé à l'époux son épouse chérie , à la
mère tremblante ses précieux enfans, au frère
son tendre frère, à la sœur son aimable sœur ,
enfin il nous a donné à tous une nouvelle vie.
J'en atteste le moment mille fois heureux qui
l'a ramené triomphant dans nos murs.

Abâtardi, si j'ose ainsi m'exprimer, par une
dure servitude, embarrassé du poids de la honte,
on ne savait plus se repaître que d'illusions ,
lorsqu'enfin l'enfant de Mars, ce soleil de gloire,
vint tout vivifier : alors chacun saisissant l'an-
cre de l'espérance, s'empresse de reconnaître
en lui un libérateur, un nouveau père. On
courait sur son passage lui offrir l'hommage de

ses sentimens ; d'un côté coulaient en abon-
dance les larmes de joie ; d'un autre, on
adressait, dans un respectueux silence, des
actions de grâce à l'Être-Suprême : ici, on lui
offrait des lauriers ; là, on chantait des hymnes
en son honneur. Nul n'osera, je pense, dé-
mentir ce spectacle attendrissant ; nul ne pourra
s'empêcher de verser encore des pleurs, et de
faire fumer l'encens de la reconnaissance sur
l'autel que ce bien-aimé monarque s'est dressé
dans nos cœurs, et que les dieux eux-mêmes
jalousent.

Pourrions-nous lui refuser nos bras et nos
fortunes, si le destin de ce grand héros, pressé
par nos vœux les plus ardens, le ramenait
jamais parmi nous ? La générosité ne se paie
que par la générosité. Mais qu'une partie de la
France soit ingrate, rien ne peut nous arracher à la fidélité, à l'admiration et à la reconnaissance que nous lui avons vouées. C'est
un devoir inviolable que tout le monde nous
envie : jurons donc, oui, jurons unanimement
de l'observer jusqu'à la mort, et en dépit des
intraitables, crions du plus profond de notre
ame, crions avec la plus douce allégresse : *Vive,
vive à jamais l'illustre NAPOLÉON, vive notre
immortel bienfaiteur !*

Ce ne sont pas, chers concitoyens, des obli-
gations que je viens de tracer, ce sont vos sentimens et les miens : si je les ai mal rendus,
que ma bonne intention me justifie.

Encore un mot sur nos neuf insensés : quel
résultat ont-ils obtenu dans leur imprudente

démarche ? Celui qu'ils méritaient. Le prince les a sagement ramenés à l'ordre ; il les a flattés comme on flatte des marmots qu'un caprice dévore. Cependant ces fameux défenseurs du royalisme n'ont pas seulement osé aller rejoindre Monsieur. Qu'avaient-ils à craindre ? Ils seraient revenus comme un grand nombre d'émigrés traîtres à la patrie et assassins de leur roi Louis XVI. Je dis traîtres, puisqu'ils ont abandonné la patrie dans le danger, et qu'ils courent à elle pour lui percer le sein le poignard à la main, sans respect pour les cendres de leurs pères, parens, amis et compatriotes qu'ils ont si impitoyablement immolés, et au mépris même des imprécations que vomissent ces infortunées victimes du fond de la sombre nuit des tombeaux contre leur lâcheté et leur trahison. Je dis assassins, puisqu'après avoir excité contre leur roi toutes les fureurs des factions, ils ont lâchement abandonné leur poste au lieu de le défendre jusqu'à la mort. Ces Messieurs, dis-je, seraient revenus triomphans de Bâle à Paris, après s'être formé un rempart impénétrable de troupes alliées, de canons, de chevaux et de bagages.

J'aborde ici avec horreur le crime de rebellion dénoncé par une police heureusement vigilante : il a reçu son châtiment. Mais pourquoi le ciel a-t-il donc voulu sauver tant d'autres criminels ? S'ils ont évité la mort, ce n'est pas qu'ils l'aient méritée. Le marquis de Vidrange a trouvé son salut dans la fuite ; mais il trouve, avec ses complices, leur condamnation dans la perte de M. de Gouault. Quelle honte de survivre à celui dont nous avons partagé les crimes ! quelle lâcheté d'abandonner son ami dans le péril ! mais il n'est que trop vrai que cette espèce de royalistes n'a jamais su mettre tout en train que pour jouir, de 100 lieues de loin, du spectacle de la flamme et du meurtre, horrible fruit de leurs dépravations. Le vrai courage, cette belle vertu entrerait-elle jamais dans des ames si dégénérées !

M. de Gouault, averti à temps par un de ses amis, se refuse de fuir. Nous devons donc nous en féliciter, dans l'espoir que sa mort corrigera quelques traîtres, exception faite cependant de ceux de sa trempe ; car, à la trahison, il joignait la démence. Quelle pauvre tête ! une démarche infructueuse la démonte. Les alliés sont à Vandœuvre, les Français à Troyes, que M. de Gouault soutient que la retraite des ennemis n'est qu'une feinte : quelle extravagance ! Il pense qu'on respectera sa folie comme sa rebellion, quelle erreur ! il en a été victime ; la raison et la sagesse s'en réjouissent.

Si nous voulons bien partager la complaisance qu'a l'auteur de supposer de la bravoure et de l'honneur dans la résistance que fait M. de Gouault aux prières de son ami, si nous passons avec lui condamnation sur sa manière de penser, dit-il, exagérée, oublierons-nous de lui demander combien d'années de service, combien d'actes de bravoure établissent sa réputation ? Il pourra tout supposer, mais rien offrir de réel, sinon sa félonie en abandonnant

Louis XVI à la merci de ses ennemis, et sa honte de l'avoir laissé mener à la mort ignominieuse de l'échafaud. De plus, ne rirons-nous pas avec noblesse de l'épithète *noble* dont il s'est servi pour relever l'imprudence de M. de Gouault; et marchant par gradation, quel peu de jugement, quelle prévention de confondre l'imprudence avec la folie ! Enfin, quelle ridicule affectation de prêter à une tête désorganisée les propos d'un homme brave, d'un homme sensé ! Ce n'est pas le tout d'écouter la voix de la passion, il faut suivre les sentiers de l'esprit. Si cependant M. Alphonse réclame, et qu'il veuille soutenir avoir entendu les paroles qu'il prête si gratuitement à son prisonnier, je douterai, par respect pour sa bonne foi, qu'il ait bien entendu, ou pour le forcer plus galamment au silence, je l'applaudirai si fort, qu'il conviendra que c'est ce qu'il a dit de mieux dans sa brochure.

Poursuivons : avancer, contre tous les principes de la saine législature, que c'est Napoléon qui a donné l'ordre de condamnation, c'est une injure faite à la loi, qui avait prévu, discuté et appliqué les peines de rebellion. On a pu précipiter de vaines cérémonies, parce que le crime était suffisamment reconnu, mais jamais on accusera qui que ce soit de donner à un tribunal l'ordre de condamner, quand la loi déjà existante a condamné avant lui. Les tribunaux où se réunissent les lumières du barreau sont établis pour l'éclaircissement des faits, et non pour créer des lois. Un monarque, dès son

avénement au trône, convoque les législateurs
les plus éclairés. Ils établissent ensemble les lois
sur le caractère de la nation, ils les puisent dans
ce que la nature possède de parfait et d'imparfait,
et dans le bien et le mal que nous offre l'histoire. Une fois posées, elles sont invariables ;
les délits, leur gravité et leurs punitions sont
prévues, et le soin de les appliquer en est ré-
servé au chef de l'état ou aux juges qu'il établit.
Si M. Alphonse a pensé, pourquoi a-t-il manqué
de respect aux lois ? elles pourraient lui demander réparation, si l'on soupçonnait qu'il
eût réfléchi.

S'il est vrai que dans les réactions les ressorts
de l'imagination s'étendent, que les intérêts per-
sonnels font prendre aux esprits et aux cœurs
des formes nouvelles, ces métamorphoses sont-
elles toujours heureuses ? Un instant a pu faire
bourboniat un napoléoniste, brigand un dévot,
et rebelle un indifférent : quel si grand avan-
tage trouve-t-on dans ces conversions ? Ce ne
sont donc pas, comme le prétend M. Alphonse,
les vertus qui changent d'acception comme
les mots ; ce sont les hommes qui, suivant avec
trop de facilité l'impulsion qu'ils reçoivent d'une
ambition intéressée, ou du besoin souvent de
rétablir leur crédit, donnent à leur système révolutionnaire le nom de vertu, faute de mots
assez expressifs pour énoncer leurs horreurs et
leurs bassesses : lui-même nous en fournit
ici un exemple frappant.

Messieurs de Bouy, devenus, par rivalité
d'amour, ses ennemis, il les traita ouvertement

de débauchés, d'insuffisans, de freluquets, de lâches, de rebelles et de nobles de parchemin ; mais aujourd'hui, déterminé à sacrifier son petit amour-propre à une hypocrite adulation : ces jeunes gens ont du mérite et de grandes qualités : leur rebellion tient d'une grande ame, leur trahison est admirable. Mais s'il est vrai que Messieurs de Bouy n'ont pu transiger si vite avec la vertu que par un miracle, c'est par le canal de M. Alphonse qu'il s'est opéré. Cependant, je ne me croyais plus au temps obscur où les prodiges étaient nécessaires à la croyance. Qui ne sait donc pas que les jeunes de Bouy, aussi insubordonnés, aussi traîtres à la patrie que leur père, sont à charge à la société ; que l'appas du solide et du vrai n'a jamais su les captiver ; enfin, que leur ineptie les écarte pour toujours des emplois. La paresse est leur dieu : la chasse, les femmes, les jeux et les cafés sont leurs seules occupations ; leur titre de noblesse, un prétexte pour se vautrer dans tous les désordres qui flattent leurs passions animales. Que MM. de Bouy ne m'en veuillent pas d'être aussi franc ; je ne dis que la vérité. Mais si leur fiel a besoin d'éclater, qu'ils le dirigent contre leur ami Alphonse : sans lui, je le proteste, je n'aurais jamais pensé à eux.

Le schisme évident qu'a fait M. Alphonse avec la raison ne se signale-t-il pas encore, quand il veut que la brigue, l'artifice et la force aient usurpé le trône ? La brigue : Napoléon en avait-il besoin, quand des millions de suffrages donnés par le cœur et la liberté, l'appelaient à la couronne ? l'artifice : ses actions d'éclat, l'éminence de ses qualités civiles et militaires n'ont-elles pas été assez reconnues, quand la nation l'a adopté pour son chef ? la force : il n'avait que celle de son puissant génie, qui surmontait tous les obstacles en se conciliant l'estime et l'admiration des personnes les plus qualifiées de l'Etat ? quant à l'usurpation, ce mot est aussi vide de sens que le cerveau d'où il sort. Est-ce usurper, que de prétendre à une place abandonnée, et de l'occuper après y avoir été porté par les vœux de tout un peuple ? Qu'on me le dise, s'est-il présenté quelqu'un pour réclamer des droits; et les ennemis, en traitant avec les intrépides défenseurs de la patrie, n'ont-ils pas reconnu la légitimité de cette prétendue expoliation ? l'Eglise ne l'a-t-elle pas consacrée comme tant d'autres transactions politiques, et le ciel, qui seul fait les rois, ne l'avait-il pas, avant nous tous, appelé sur le trône ? Les Julien, les Pepin et les Capet sont les seuls vrais usurpateurs ; ils ont dirigé contre l'autorité royale existante tous les traits de la rebellion.

Maintenant, n'en déplaise à M. Alphonse, son défunt a été rebelle, parce qu'il a méconnu le doigt de Dieu, l'onction sacrée du Saint-Père, les suffrages du peuple, les traités faits avec Napoléon, ses talens, sa gloire et sa force. Il a été traître, parce qu'il a porté les armes contre la patrie, ou qu'il ne l'a pas servie quand elle l'appelait à son secours. Sa mort est donc une justice faite à la Divinité, à la sainteté des traités, au respect dû aux grandes vertus, et à la patrie indignement outragée.

J'arrive au paragraphe où, d'un ton magistral, M. Alphonse veut nous faire revenir à des idées plus saines : voyons si ce n'est point à nous à l'inviter d'abord à corriger les siennes. Ce n'est pas le tout de donner des préceptes, il faut les accompagner de l'exemple. Si je prêchais que : « *le seul vrai citoyen est celui qui ne sépare* » *point l'amour qu'il doit à son roi d'avec celui* » *qu'il doit à sa patrie, et qui, pour la sou-* » *tenir, sait affronter la mort,* » je voudrais, avant tout, avoir vécu sous des rois, et posséder d'autres dispositions que celles qui tendent à la rebellion et au déchirement de la patrie ; je voudrais que celui que je loue ait aimé son roi et servi sa patrie ; enfin, je voudrais affronter, non la mort qu'on trouve dans les bras de la mollesse et des débauches, mais celle qui sauve l'honneur de mon pays : l'une garantit l'oubli, et l'autre fait vivre au temple de mémoire.

Quelle si grande catastrophe ! M. de Gouault est atteint des traits de la justice. Eh bien ! la raison et la patrie n'en sont-elles pas vengées? Si nous ne nous réjouissons pas de sa mort, qu'on nous laisse au moins garder nos regrets pour un être moins misérable ; et si sa perte n'est point un bienfait, couvrons-le vite des sombres voiles de l'oubli. Mais quelle insipide subtilité que de supposer de l'estime et de l'admiration dans un silence que dicte l'effroi, l'humanité et le respect dû aux morts ! Chacun reconnaissant un ennemi, un traître dans la personne de M. de Gouault, pouvait-il le plaindre ou recueillir ses dépouilles ? Ce soin eût été à peine digne des vautours ou des corbeaux. Mais, si nous avons quelque pitié à observer ici, réservons-la toute entière à M. Alphonse : il vit, et je pense qu'il nous en saura gré.

Quoi ! on est barbare quand en punissant le vice on récompense la vertu. Combien de tendres pères qui, frappant d'une main, accordent de l'autre leurs faveurs ; combien la Divinité elle-même, qui chaque jour distribue sa colère et ses bénédictions aux humains, ont commis, sans le savoir, d'actes de cruauté et de barbarie ? Quoi ! l'on cesse d'être homme, quand on ne sait pas déplorer ou feindre de déplorer la mort d'un ennemi ! si l'on n'est plus homme quand on ne pleure pas la contagion qu'on détruit et les attentats de la scélératesse qu'on repousse ; si un arbre cesse d'être un arbre, parce qu'on élague de sa tige les branches nuisibles ; si la société n'est plus société, parce qu'elle ne verse pas d'éternelles pleurs sur la destruction des brigands qui la fatiguent, que sommes-nous donc devenus, malheureux mortels, depuis que le crime et ses maux nous inondent de toutes parts ? M. Alphonse daignera peut-être user de ses lumières pour nous l'apprendre. Quant à moi, je pense que du cahos où il nous place, et du bourbier de ses idées qu'il nous soumet, nous devons conclure que s'il a jamais su déplorer ou grifonner, il sait encore mieux feindre l'art de déplorer ou d'écrire.

J'ajouterai que son impudence est encore plus

révoltante que n'est risible sa judiciaire. Que signifient, en effet, ses louanges pour celui qui est au-dessus de tout éloge? N'est-ce pas le crime qui applaudit à la vertu pour la mieux humilier? Qu'on ne s'y trompe pas, le mot de religion que profère une bouche impure, n'est qu'une porte de derrière pour se sauver de la mendicité. O Ciel ! combien aujourd'hui les établissemens religieux vont favoriser l'oisiveté et les vices ! J'en frémis d'horreur : déjà de ces nouvelles pépinières, je ne vois plus sortir que des exaltés et des fanatiques qui bientôt embraseront la patrie, et l'inonderont de notre sang. L'exemple de notre révolution, de cette malheureuse Espagne fortifie toutes mes craintes. Un Empire où la religion et la noblesse dominent, est un un roseau que le moindre souffle d'opinions renverse.

A quoi donc bon tant de prêtres? Le bonheur et la paix ne viennent-ils que par leur entremise ? Si nous ouvrons les annales des révolutions, chaque page nous retrace leur perfidie, leur trahison, leurs sophismes, et toute la bizarrerie de leurs principes. Ici, ils divisent des familles; là, ils excitent les guerres civiles. Leurs préjugés rétrécissent les esprits des peuples; leur orgueil humilie les têtes couronnées. Ambitieux, ils veulent régner en maîtres absolus ; sanguinaires, ils arment les Rois contre les Rois. L'univers enfin gémit sous le poids de leurs monstruosités : secouons, à l'exemple des insulaires, secouons leur joug oppresseur. Leur domination est trop tyrannique. Les Caligula, les Néron, les Tamerlan et les Attila agissaient ouvertement; tandis que ces Messieurs nous mènent au précipice par les calculs séducteurs du fanatisme, par les menées sourdes du cagotisme. Leur voix nous flatte, afin que notre chute soit moins infaillible. N'est-ce pas eux qui, il y a 20 ans, conjointement avec la noblesse, nous ont armés les uns contre les autres? n'est-ce pas eux que nous avons vu fuir si lâchement? la peur leur prêtait des forces.

O exécrables assassins, que ne portez-vous dans le Nouveau-Monde votre systême révolutionnaire? que ne déchargez-vous du poids de vos horreurs et de vos crimes une Nation que vous avez si impitoyablement déchirée, et qui, par une bonté, une faiblesse mille fois condamnable, a voulu votre restauration? Si son chef, l'immortel Napoléon, devenu par ses vertus, plus encore que par sa bravoure et son génie, l'arbitre et l'admiration de l'univers, eût pris moins de soin à adoucir vos plaies, à relever vos autels, appelleriez-vous mieux sur lui la haine du peuple? vos chaires vomiraient-elles moins d'injures et d'imprécations? Si ce héros n'eût renoué cette chaîne politique que vous aviez rompue et qui descend si essentiellement du Prince jusqu'au dernier de ses sujets; si, lorsque chacun de vous s'érigeant en pilote par un ordre qu'il ne prenait que de son caprice, il n'eût saisi à temps le gouvernail du vaisseau de l'Etat fatigué de tant d'orages; si enfin il n'eût porté un baume salutaire dans les cicatrices que vous aviez ouvertes, où en serions-nous ? les ruisseaux de sang couleraient encore sans que vous ayez fait un pas pour nous soulager.

Allez , vils imposteurs , allez loin de nous enseigner votre doctrine mensongère. Quoi ! vous nous prêchez la charité , l'oubli des injures , tandis que vous soufflez dans les esprits le feu de la vengeance. Quoi ! vous voulez que nous pratiquions ce que vous ne pratiquez pas vous-mêmes ! Fuyez , dites-vous , fuyez les vanités et les pompes de ce monde : elles vous corrompront. Eh bien ! que faites-vous quand vous prenez une part si active aux fêtes du monde , quand vous courez les rues et les places publiques pour crier ce vive , ce fameux vive le Roi ? Vous êtes donc aussi corrompus que nous ? Alors , de quel droit venez-vous nous commander ? Croyez-m'en , indignes Ministres , quittez ces décorations du Gouvernement ; ses affaires ne vous regardent pas : votre règne n'est point de ce monde. Portez, portez la croix du Seigneur votre maître ; soyez aussi humbles que lui , et vous n'aurez point le sot orgueil de vouloir dominer ici-bas ; travaillez pour le ciel : c'est votre seule patrie.

Pour reconnaître ces conseils , me direz-vous bien , messieurs les oracles du jour , où nous pouvons croire que nous en sommes de nos angoisses ? qu'espérer de tant d'inquiétudes et de perplexités ? qu'augurer de tant de mauvaise foi et de contraste dans les opinions ? Qu'attendre d'une tranquillité qui repose sur un volcan ? réelle pour un moment aux yeux des gens bor-

nés, l'est-elle pour ceux dont la sphère des connaissances s'étend à l'étude appliquée de l'histoire, à l'école du malheur, et à l'expérience
du cœur humain ? Tel sur mer l'orage le plus
épouvantable succède tout-à-coup au calme le
plus profond, et surprend le nautonnier trop
confiant : tel en révolution le réveil le plus dé-
sastreux est voisin du sommeil le plus doux.
Mais si l'instabilité des choses humaines, l'inconstance, la légèreté d'une Nation frivole, et
les effets imprévus de la trahison, peuvent aug-
menter nos alarmes, qu'une juste méfiance nous
rassure.

Si cette digression m'a éloigné un moment de
la promesse que j'ai faite de donner un récit
court et précis de la vie de M. Alphonse, je
m'empresse d'y revenir.

M. Alphonse est Champenois, son origine
est douteuse ; elle tient aux temps d'horreurs
et de dépravations qui l'ont vu naître. Sa mère
alors jeune, fraiche et jolie, épousa un nommé de
Vizien ; son dégoût pour cette alliance, et que ne
fit qu'accroître la contrainte de ses parens, dis-
parut devant l'espoir de l'infidélité. Les assi-
duités de M. de la Chapelle, seigneur d'un
village de ce nom, à quelque distance de la
ville, la séduisirent sans peine. Bientôt les ren-
dez-vous les plus criminels et l'amour le plus
voluptueux décidèrent son inclination. Elle fut
appelée au château pour y soigner l'éducation
des demoiselles de M. de la Chapelle, et c'est
là, que se croyant imperceptible à l'œil vi-
gilant du public, elle noua la liaison la plus
étroite, et qu'elle enfanta un fils.

Ses désordres n'échappèrent point à la connaissance des bons villageois; ils en ont conservé le souvenir : qu'on se transporte sur les lieux, ils vous diront avec indignation et mépris, qu'elle était la . . . . du seigneur; son nom y est abhorré.

Sur cette preuve irrésistible, M. de Vizien, son légitime époux, la répudia. Son divorce est basé sur des causes secrètes à lui personnelles, que nous pouvons soupçonner et non pas expliquer : une discussion ici serait trop dangereuse; mais son mari qui lui retira le bien qu'il lui avait apporté, son amant qui fut ruiné par les circonstances, la laissèrent dans un grand embarras. Son frère, son charitable frère, M. Jacquet, est venu à son secours; il l'a prise à sa charge avec son enfant : c'est de cette bonté uniquement fraternelle, que des méchans ont induit qu'elle était aussi paternelle. Je repousse loin de moi cette idée, elle compromet la nature et ses sentimens de générosité et de dévouement; j'admettrai seulement qu'il s'est conduit envers son neveu comme ne se conduisent pas, souvent, des pères envers leurs enfans : et, s'il a des droits à prétendre à la paternité, ils sont établis sur les nombreux sacrifices qu'il a faits pour l'éducation de son neveu, son entretien et celui de sa mère.

La naissance de M. Alphonse s'attache donc à la vertu prolifique de M. de la Chapelle; elle est, je crois, incontestable. Mais, puisque ce seigneur ne l'a pas reconnu, que le nom de Vizien n'est qu'un nom d'emprunt, comment doit-il s'appeler ? *Alphonse bâtard*, tout court. D'une naissance noble, a-t-il hérité des titres de noblesse ? Enfant d'un seigneur, lui en reste-t-il le château et les dépendances ? Quand il voudra produire les premiers, nous croirons à sa signature ; quand il désignera son domaine, je me charge d'aller conclure avec lui une paix honorable. Le seul héritage qu'il tient de sa mère, ce sont ses débauches.

A peine âgé de huit ans, on l'enfermait dans un sac pour l'arracher à ses passions ; il courut les cafés et les femmes, jusqu'au moment de son entrée au collége. Ses infâmes habitudes reparurent : elles furent contagieuses ; il en perdit le jugement et la mémoire. Je me rappelle même qu'un jour n'ayant pas réussi dans ses devoirs de classe, son professeur l'avertit qu'il travaillait trop du *cerveau*, et ce mot fut long-temps en vogue. Je ne dirai rien de sa religion, puisque je doute que faute d'avoir été baptisé, il se soit jamais approché de la communion. Je ne scruterai point sa conduite envers son oncle: son peu de délicatesse, et ses tours d'escroquerie ne peuvent se peindre.

Glissant donc sur des détails qui m'entraîneraient trop loin, j'ajouterai seulement que la domestique de sa mère fut la victime de ses fureurs brutales ; qu'il séduisit une jeune personne aussi sage que belle, et d'une naissance

sance recommandable, et qu'il la força de s'éloigner de la ville pour déposer le fruit de son amour. Ici le pinceau me tombe des mains : elles tremblent de découvrir d'autres mystères. Ces deux derniers traits ne suffiraient-ils pas pour constater son infâme corruption ?

C'était le loup couvert de la peau de l'agneau : aussi bientôt il fut exclus de toutes les sociétés, où son goût pour la musique et son talent pour le dessin l'avaient appelé ; il a, j'en conviens, l'amour de l'étude ; il réunit même des connaissances, mais malheureusement elles sont trop superficielles ; il devrait s'attacher au vrai beau et au solide : en parlant de ses torts, il serait trop injuste de taire ses qualités. Je me résume.

Le dévouement qu'avait M. de Gouault pour la famille royale, était faux dans son principe ; il servait une cause qui compromettait la société et qui le séparait de la nation ; la majesté du trône est trop intimément liée à la grandeur de la nation, et la grandeur de la nation à la majesté du trône, pour qu'en séparant l'une de l'autre on ne veuille pas tomber dans les horreurs de l'anarchie ; et servir une cause étrangère à toutes deux, c'est être rebelle à l'autorité et traître à la patrie.

La nation est souveraine, elle n'appartient qu'à elle-même, sans dépendre d'aucun individu, d'aucune famille : c'est un principe incontestable. Elle pouvait donc se défaire d'un chef expérimenté, comme aussi s'en donner un plus inhabile. Mais la nation a-t-elle jamais voulu se séparer de l'homme qui faisait son bonheur et sa gloire ? la trahison seule l'a voulu. Mais ne s'est-elle pas refusée et ne se refuse-t-elle pas encore à accepter celui qui vient la gouverner ? La force coalisée le voulut et le veut encore ; attendons donc qu'elle rompe ses chaînes pour en écraser ses ennemis : sa dégradation , son avilissement passagers feront toute sa force.

S'il faut aimer et servir des rois, ce ne doit jamais être au préjudice de son pays. Dix millions n'ont rien pu sur l'ame fière et inébranlable du célèbre gouverneur d'Anvers : la patrie et le véritable honneur étaient devant ses yeux. Que la patrie soit donc notre seul point de ralliement ; les Carnot, les Davoust et les Soult, nos seuls chefs. Marchons à la lumière de leurs principes : une royauté inepte et dégénérée pourrait-elle jamais ravaler la gloire de la patrie, et flétrir les lauriers de ses héros immortels ?

L'entreprise de M. de Gouault aussi était folle ; il bravait un pouvoir encore agissant, et luttait contre la majorité. Que nos regrets et notre amitié le poursuivent moins que notre indignation et notre mépris. Son supplice est un hommage à notre fidélité et à notre dévouement, comme il doit être le trait qui percera sans cesse ses lâches et perfides complices.

Quant à M. Alphonse, me fera-t-on un crime d'avoir répété ce que tout le monde sait ? ou si quelqu'un ignorait sa conduite et ses principes, pourra-t-il m'en vouloir de les lui dénoncer? Sa basse courtoisie pour obtenir notre bienveillance, ses horribles séductions, son affreuse imposture, ne sont-elles pas un outrage flétrissant pour l'ordre social? son ridicule esprit, son mauvais goût, l'insuffisance de ses raisonnemens, la prévention de son jugement, un déshonneur pour l'ordre littéraire? L'estime publique et les emplois se méritent par des démarches franches et non par les voies détournées de l'hypocrisie; par des mœurs irréprochables, et non par le libertinage: l'estime s'acquiert aussi par les talens, mais elle ne se laisse jamais surprendre par l'imposture et la trahison.

Eloigné de toutes les sociétés honnêtes, M. Alphonse ne doit-il pas encore être banni de toutes les branches administratives de la nation? il a méconnu la nation, que la nation le méconnaisse: il a trahi la patrie, que la patrie cesse de le nourrir: il a compromis des français, qu'il perde donc le beau titre de citoyen français. Mais en attendant son *Meâ maximâ culpâ*, je promets de lui conserver toujours des sentimens tout autres que ceux de l'estime et de l'admiration.

FIN.

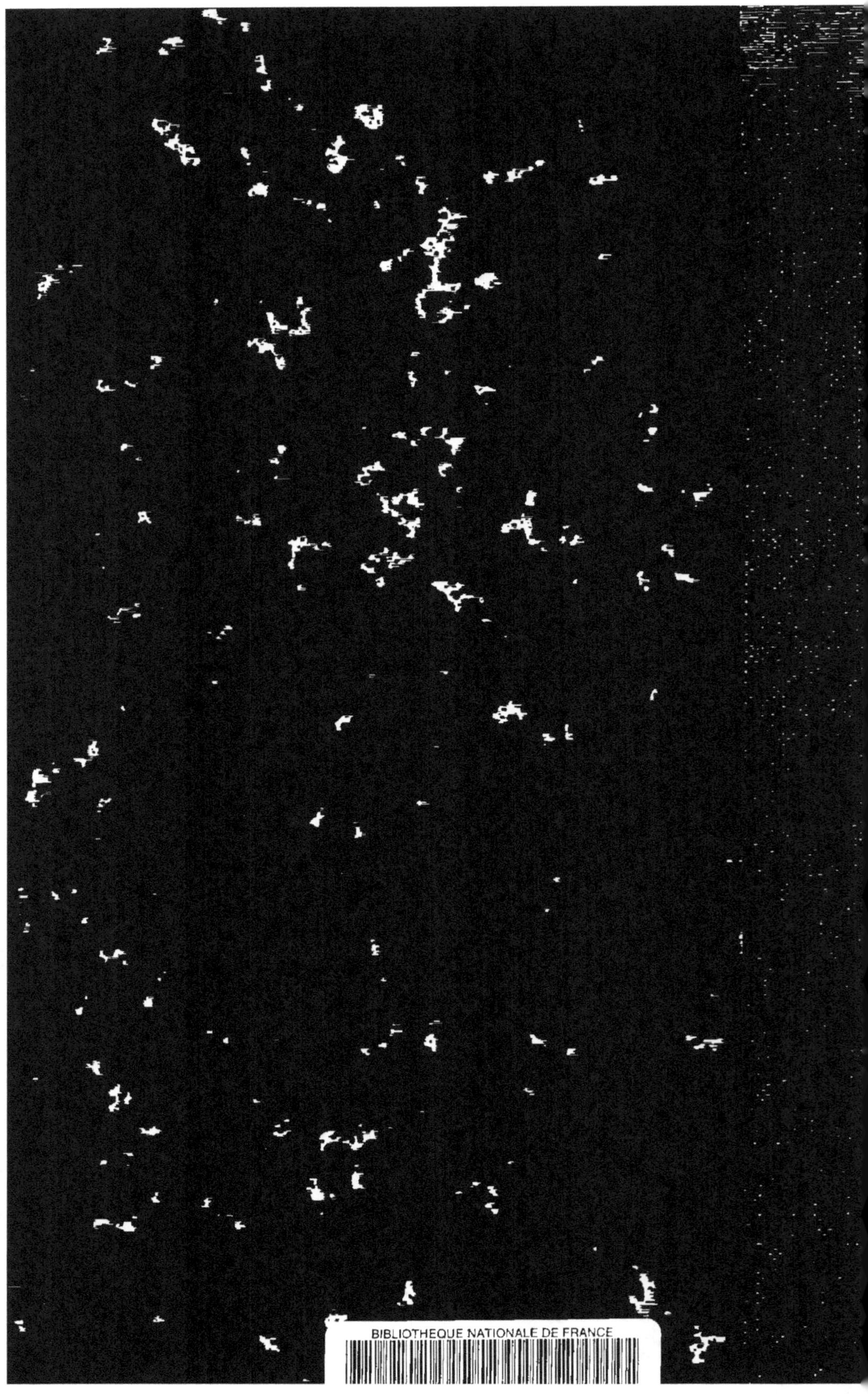

9 7 8 2 0 1 3 6 5 3 4 0 4